AF562968

27
n
1084

ÉLOGE DE DE SÈZE

MÊME LIBRAIRIE :

REVUE GRAMMATICALE

PAR

J.-B. PRODHOMME

Ancien secrétaire de la Société grammaticale

ET

et une société de grammairiens

PREMIÈRE ANNÉE (1866-67), 1 VOL. IN-12. PRIX : 4 FR.

DEUXIÈME ANNÉE, 1867-1868.

ABONNEMENTS : { *pour la France*..... 4 *fr. par an.*
pour l'Étranger.... 6 —

Cette Revue paraît régulièrement le 20 de chaque mois par livraisons de 32 pages in-12 avec une couverture imprimée. Chaque année forme un beau volume de 384 pages ; la 12e livraison contient la couverture du volume et une table générale de tous les mots traités, dans l'année.

On s'abonne en envoyant un mandat sur la poste à l'adresse de F. BOUQUEREL, Paris, 31, *rue Cassette*. — Tous les abonnements partent du mois de septembre.

Nous recommandons vivement cette *Revue* à toutes les personnes jalouses de bien parler et écrire la langue française.

Paris. — Imprimerie de E. DONNAUD, rue Cassette, 1.

ÉLOGE DE DE SÈZE

DISCOURS

PRONONCÉ A LA SÉANCE SOLENNELLE DE RENTRÉE

DE LA

CONFÉRENCE DE SÈZE

AU CERCLE CATHOLIQUE

PAR

Arnold MASCAREL

PARIS

F. BOUQUEREL, LIBRAIRE-ÉDITEUR

31, RUE CASSETTE, 31

1868

ÉLOGE DE DE SÈZE

Messieurs,

La France était bouleversée par la plus violente de ses révolutions. Arraché du trône où la majesté des souvenirs semblait lui ménager un inviolable asile, un descendant de S. Louis était cité à comparaître devant un prétoire de bourreaux. Tandis que la nation, muette et consternée, contemplait dans la stupeur cet étrange spectacle, on vit le roi Louis XVI adresser, du fond de sa prison, un suprême et touchant appel à l'amitié et au talent. — Dieu voulut, pour l'honneur de la France, que cet appel fût entendu. Le vénérable Malesherbes répondit les paroles que vous savez : « J'ai été appelé deux fois au conseil » de mon maître dans un temps où cette fonction » était ambitionnée de tout le monde ; je lui dois le » même service, lorsque c'est une fonction que bien » des gens trouvent dangereuse. »

Quant au jeune de Sèze, voici sa réponse : « Je » sais qu'un arrêt de la Convention porte que les défenseurs du roi, une fois entrés au Temple n'en » sortiront qu'avec Sa Majesté : je regarde cet arrêt » comme un acte de proscription contre les défenseurs du roi, et je m'y voue de tout mon cœur. »

Au moment d'entreprendre l'éloge de celui qui prononça ces courageuses paroles, je me suis défié de ma faiblesse, Messieurs : le mot de Bossuet m'est venu à la pensée ; et je me suis dit que : « *si toute louange languit auprès des grands noms, la seule simplicité d'un récit fidèle pourrait soutenir la gloire* (1) de Raymond de Sèze, ancien avocat au barreau de Paris, mort président de la Cour de cassation, et pair de France. Voilà pourquoi j'ai voulu, par un motif que vous me pardonnerez, saluer dès le début de ce discours, et au risque de troubler l'ordre de vos pensées, l'acte éclatant qui a valu au nom de de Sèze la consécration de la postérité ; afin que cet héroïque souvenir, retentissant dans vos âmes à travers toute la suite de ce récit, vous fasse oublier, s'il se peut, la faiblesse de l'historien.

I. Raymond de Sèze naquit à Bordeaux, le 26 septembre 1748. Son père était avocat au parlement de cette ville, et le jeune Raymond fut choisi, pour perpétuer les traditions de la famille, en lui succédant. Sa première éducation s'acheva chez les Jésuites, déjà menacés de l'exil, et c'est là qu'il puisa, avec le goût de l'étude et les sentiments religieux, ces mœurs polies et aimables, ce parfum de bonne compagnie, dont nos temps démocratiques semblent avoir perdu le secret. De brillantes études de droit le conduisirent au terme qu'il désirait, car nous voyons qu'en 1775 le maréchal de Mouchy, étant venu prendre possession de son gouvernement, choisit

(1) Bossuet, *Oraison funèbre de Condé*.

Raymond pour présenter au parlement de Bordeaux les lettres que ce parlement devait enregistrer (1). A vrai dire, cette mission n'était pas toujours facile : deux siècles de luttes incessantes avec la royauté n'avaient fait qu'irriter l'esprit frondeur de ces assemblées : les meilleures intentions de Louis XVI vinrent échouer contre leur implacable résistance, et à Bordeaux (2), comme à Paris, les lits de justice ne suffisaient plus à faire accepter les volontés royales. Les documents nous manquent pour apprécier le rôle de de Sèze dans ces circonstances, mais il est permis de supposer que, spectateur ému de ces dissensions funestes, le jeune avocat dut en conserver une impression profonde.

Vers la même époque, M. de Sèze fut attiré à Paris, par l'amour des lettres, et, comme il le dit lui-même (3), « *par le désir d'entendre ces orateurs il-* » *lustres dont les victoires excitaient son émulation* » *comme cet ancien que les lauriers de Miltiade ne lais-* » *saient pas dormir.* » — Paris était vraiment alors la capitale intellectuelle de l'Europe. Nos écrivains et nos artistes, bien qu'inférieurs à ceux du XVIIe siècle, avaient acquis à la France un prestige que la force des armes toute seule ne sait pas donner. Les étrangers se disputaient nos philosophes comme aujourd'hui ils se disputent nos modes. Il n'est donc pas étonnant que le jeune de Sèze ait eu le désir d'appro-

(1) Châteaubriand, *Eloge de de Sèze.*
(2) De Lavergne, Les *Assemblées provinciales.*
(3) *Discours à l'Académie.*

cher les hommes qui avaient su fixer la renommée. Favorisé comme il l'était par les dons naturels, les relations de sa famille, et par son titre même, le jeune avocat au parlement ne manqua pas sans doute de fréquenter les salons fameux où se réunissait l'élite de la société d'alors, et tout porte à croire que son « éloquence naturelle, sa gaieté naïve, piquante, ingénieuse », louée par Marmontel dans ses mémoires, lui valut de brillants succès. Il n'est pas indifférent, Messieurs, de rechercher les traces que le commerce de cette société dut laisser sur son esprit. « L'homme est une plante », a dit Platon. Il importe en effet souvent pour expliquer son âge mûr, de savoir quel air sa jeunesse a respiré.

Or l'atmosphère que l'on respirait, dans ces réunions élégantes que Madame du Deffant et Madame Geoffrin présidaient, n'était rien moins que viciée par l'impiété la plus hardie qui fut jamais. Les philosophes y tenaient le dé, et il n'est pas besoin de dire que la plupart de leur bons mots s'exerçaient aux dépens de la religion et de la morale. Ce n'était plus le ton noble et réservé des grands salons du temps de Louis XIV, où des femmes illustres, comme Madame de Sablé ou Madame de Lafayette, inspiraient des hommes tels que Racine, La Bruyère et La Rochefoucault. La délicatesse des mœurs était devenue de la corruption : le scepticisme avait chassé la foi. De Sèze ne pouvait échapper à ces influences diverses qui étaient alors dans l'air, comme l'électricité à l'approche d'un orage. Nous voyons en effet que, cédant à l'entraînement général, il fit un pèlerinage à

Ferney (1), pour y saluer le patriarche de la révolution. Etrange rencontre des destinées! Le défenseur de Louis XVI présentant ses hommages à celui qui contribua, plus que tout autre, peut-être, à aiguiser la hache des bourreaux! J'imagine que, si l'avenir se fût soudain découvert aux yeux surpris du jeune homme; s'il eût vu tout le mal que la main de ce chétif vieillard avait fait à la France : la religion proscrite, ses temples fermés, la déesse Raison s'élevant sur leurs débris; la royauté captive, puis conduite sur l'échafaud; le meurtre organisé juridiquement, les orgies sanglantes de la terreur; et enfin, pour tout résumer, les conséquences les plus lointaines de cette double blessure de scepticisme et d'immoralité que la France porte au cœur depuis Voltaire, et dont elle saigne encore : j'imagine que l'âme loyale de de Sèze se fût indignée contre un tel criminel, et qu'il eût porté son encens loin de l'infâme idole... Ne le blâmons point trop pourtant : il faut être à distance pour juger les hommes et les événements. Ceux-là seuls sont coupables qui, connaissant le mot de Condorcet (2) : « Voltaire n'a pas vu tout ce qu'il a fait, mais il a fait tout ce que nous voyons », persistent à vouloir honorer un homme qui a souillé sa patrie.

Cependant le séjour de la capitale n'avait pas été inutile au jeune étranger. Les orateurs qui se distinguaient alors au barreau cherchèrent à le retenir auprès d'eux. Longtemps M. de Sèze resta sourd à leurs

(1) Feller, *Biographie*.
(2) De Maistre, *Considérations sur la France*.

prières, préférant, comme il le disait lui-même (1), « être utile avec moins d'éclat, mais aussi avec moins de danger ». Inutile résistance ! La renommée vint le chercher à son foyer, et l'entraîna sur le théâtre où l'attendait un immortel honneur.

II. Ses débuts au barreau de Paris furent heureux. Il soutint avec éclat la cause de la marquise d'Anglure qui réclamait sa légitimité contestée par des collatéraux, et le plaidoyer qu'il prononça pour les filles d'Helvétius fut digne de la célébrité qu'il lui valut. Prévenus comme nous le sommes de ses opinions philosophiques, nous ne devons pas nous étonner de le voir soutenir éloquemment, vers la même époque, dans une cause relative à l'état civil des protestants, les principes d'équité qui allaient prévaloir dans notre législation. Mais déjà l'éternité s'apprête à nommer 1789. Déjà retentissent les bruits sourds, précurseurs de l'orage qui va ébranler l'Europe. Devant la gravité des événements, le bruit des succès de palais s'efface. C'est ici le lieu de jeter un rapide coup d'œil sur ce siècle dont M. de Sèze voyait le déclin, et de marquer les causes de cette révolution qui a inscrit une date si importante dans sa vie.

Louis XIV, en descendant dans la tombe, avait entraîné avec lui, comme l'a dit Châteaubriand, les splendeurs de la monarchie. Le grand roi s'était efforcé de personnifier l'Etat dans un homme : du

(1) *Lettre à Gerbier* 1778.

jour où cet homme s'appela Louis XV ou le duc d'Orléans, c'en fut fait de l'antique honneur de la nation française. Sous les auspices d'un régent ami du plaisir et peu soucieux de dignité, le vice s'étalait au grand jour avec un luxe de scandale inouï. « Des courtisanes jouaient avec la couronne de France (1) », et les échos de Rosbach trouvaient le prince au milieu d'une joyeuse orgie. Les exemples venus d'en haut précipitaient la chute des mœurs publiques : de là cet affaiblissement général des esprits et des caractères, signe infaillible de la décadence des sociétés. D'ailleurs, jamais le goût des lettres n'avait été plus vif, la royauté des écrivains moins incontestée. Les instincts divers de cette société malade trouvaient, pour s'exprimer, des hommes également puissants sur l'opinion. Au besoin de réforme sociale qui saisissait tous les bons esprits, Montesquieu proposait sans ménagement l'exemple du régime anglais, et Rousseau, plus imprudent encore, les poétiques chimères de son imagination rêveuse. Les doctrines matérialistes de ceux qu'on était convenu d'appeler, je ne sais pourquoi, « les philosophes », ne devaient point déplaire à ce siècle tout imprégné de sensualisme, et le génie railleur de Voltaire s'adaptait merveilleusement aux goûts frivoles du grand monde.

C'est ainsi que les quelques idées justes et vraiment généreuses qui réclamaient une satisfaction légitime, se trouvaient comme noyées sous un flot d'erreurs. La facilité avec laquelle ces erreurs étaient

(1) Lacordaire.

acceptées et propagées; les applaudissements qui saluaient chaque nouveau coup porté aux croyances religieuses, fondement de l'édifice social; la criminelle conduite des gouvernants; leur lâche incurie en face du péril; leur complicité même avec ceux qui travaillaient à leur propre ruine : tout cela forme un spectacle unique dans l'histoire, digne de la plume de Tacite ou de Bossuet. Et pourtant nul ne songeait à l'effroyable catastrophe juste châtiment d'un pareil délire. Princes et peuples dansaient sur des abîmes, sans apercevoir à l'horizon le point noir qui, en grossissant toujours, allait provoquer la tempête sanglante où sombra l'antique vaisseau de la monarchie française !

C'était cet héritage de fautes, de désordres et de crimes que Louis XVI avait été appelé à recueillir. Si la bonté du cœur, la droiture des intentions de son monarque eussent suffi pour sauver la France, la France eût été sauvée. Mais en vertu de la grande loi du sacrifice proclamée sur le Calvaire, il fallait qu'un martyr payât pour les coupables : Louis XVI eut l'honneur d'être choisi comme tel.

Les premiers troubles de la révolution trouvèrent de Sèze à son poste. En 1789, il sauve le baron de Besenval accusé de haute trahison, et en 1790 il plaide pour Monsieur, depuis Louis XVIII, contre les héritiers de la Bretignère. Il était imprudent alors d'attacher son nom à ceux que poursuivait la haine populaire. Après la dissolution du parlement de Paris M. de Sèze se tint à l'écart, suivant avec anxiété les phases diverses du drame terrible qui se déroulait devant lui.

Je n'essaierai pas, Messieurs, de retracer les scènes d'horreur qu'éclaira le soleil d'octobre 1791, de juin et d'août 1792. Dieu semblait avoir laissé sortir du puits de l'abîme la fumée des passions mauvaises, selon l'expression de Bossuet, et l'on eût dit que la société, troublée jusqu'en ses fondements, allait s'affaisser dans le sang. Le mouvement révolutionnaire grandissait à vue d'œil. Les concessions tardives du pouvoir royal irritaient, sans l'assouvir, l'appétit des hommes de désordre qui convoitaient la plus odieuse tyrannie sous le couvert trompeur de la liberté. — Le manifeste de Brunswick vint tout achever, et Danton proféra ce cri sinistre : L'Europe nous défie : jetons-lui pour réponse une tête de roi ! — L'effet suivit de près la menace, et Louis XVI, chargé de crimes imaginaires, fut appelé à comparaître devant ses sujets.

Le célèbre avocat Target avait été choisi pour prononcer la défense, Malesherbes et Tronchet pour la préparer. Target eut peur et refusa. On jeta les yeux sur de Sèze : avec quelle noblesse et quelle simplicité ce dernier accepta sa périlleuse mission, je vous l'ai déjà dit, Messieurs, et vous ne l'avez point oublié.

Deux fois par jour les défenseurs étaient introduits auprès du roi. Quelle touchante impression M. de Sèze dut garder de ses entrevues avec le malheureux prince, qui achevait de grandir, au milieu de toutes les épreuves, jusqu'à la hauteur de son infortune ! Certes, on peut bien dire de Louis XVI ce que Bossuet a dit de Charles Ier : « Jamais prince ne fut plus capable de » rendre la royauté, non-seulement vénérable et

» sainte, mais encore aimable et chère à ses peuples.
» Que lui peut-on reprocher, sinon la clémence? »
Mais la clémence chez un roi n'est bien souvent que de la faiblesse, et la vie de Louis XVI avait besoin, disons-le, d'être rachetée par la dignité de sa mort. Cette gloire n'a pas manqué à l'infortuné monarque, et ses derniers moments ont montré, pour emprunter encore le langage de notre grand orateur chrétien, « qu'il n'est pas permis aux rebelles de faire » perdre la majesté à un roi qui sait se connaître ». Pour vous en convaincre, Messieurs, écoutez ce qu'écrivait Louis XVI à ses défenseurs, et dites-moi si la royauté a jamais tenu un plus mâle et plus fier langage : « Je ne me fais pas illusion sur mon sort. Les » ingrats qui m'ont détrôné ne s'arrêteront pas au » milieu de leur carrière. Je subirai le sort de » Charles Ier, et mon sang coulera pour me punir de » n'en avoir jamais versé. Mais ne serait-il pas pos- » sible d'ennoblir mes derniers moments?... J'ima- » gine qu'il faudra s'adresser, non à la Convention, » mais à la France entière qui jugerait mes juges, et » me rendrait dans le cœur de mes peuples une place » que je n'ai jamais mérité de perdre. Alors mon rôle » à moi se bornerait à ne point reconnaître la com- » pétence du tribunal où la force me ferait compa- » raître. Je garderais un silence plein de dignité, et, » en me condamnant, les hommes qui se disent mes » juges ne seraient plus que des assassins (1). »

(1) Lettre inédite de Louis XVI publiée récemment dans les *Souvenirs du comte de Tocqueville*.

Ces nobles sentiments, le roi les exprima de nouveau quand de Sèze lui lut son plaidoyer. Il avait rédigé une péroraison qui s'adressait à l'âme du peuple, et qui s'efforçait de fléchir les juges, par le tableau pathétique des vicissitudes de la famille royale : Il faut retrancher cette péroraison, dit Louis à de Sèze, je ne veux pas attendrir mes accusateurs. Quand il se fut retiré avec Tronchet, le roi parut obsédé d'une pensée secrète : J'ai une grande peine ajoutée à tant d'autres, dit-il à Malesherbes. De Sèze et Tronchet ne me doivent rien, ils me donnent leur temps, leur travail et peut-être leur vie ; comment reconnaître un pareil service ? Je n'ai plus rien, d'ailleurs ce n'est pas la fortune qui acquitte une pareille dette. « Sire, dit Malesherbes, leur conscience et la postérité se chargeront de leur récompense. Mais vous pouvez dès à présent leur en accorder une qu'ils estimeront à plus haut prix que vos plus riches faveurs quand vous étiez heureux et puissant. » Laquelle? demanda le roi. « Sire, embrassez-les. » Le lendemain, quand de Sèze et Tronchet entrèrent dans la chambre du captif pour l'accompagner à la Convention, le roi en silence s'approcha d'eux, ouvrit les bras, et les tint longtemps embrassés. L'accusé et les défenseurs ne se parlèrent que par leurs sanglots (1)....

Cependant la Convention réclamait sa proie. Le 26 décembre 1792, Louis XVI, accompagné de ses défenseurs, comparut devant le sanglant tribunal. Représentez-vous, Messieurs, ce qu'était cette assemblée

(1) Lamartine, *Hist. des Girondins*.

déchirée par les factions, théâtre de luttes acharnées et de sanglants défis, où l'on entendait Marat réclamer *deux cent mille têtes pour assurer le bonheur public*, et Robespierre vanter son humanité en sollicitant de nouvelles proscriptions ; figurez-vous, si vous le pouvez, le délire indéfinissable qui s'était emparé de cet aréopage d'un nouveau genre, où l'on proclamait sans pudeur « *qu'il n'y a pas de crimes en temps de Révolution* », et où chaque jour on prenait à tâche de vérifier ce principe en ordonnant de nouveaux assassinats ; songez que du sein de cette assemblée, commence à surgir déjà le spectre de la terreur, et vous aurez une faible idée du péril qu'affrontait M. de Sèze, en venant plaider la cause du roi devant les hommes qui avaient juré sa perte. — Il ouvrit la bouche au milieu d'un silence de mort. On eût dit que l'assemblée, d'ordinaire si bruyante, avait voulu emprunter en cette occasion le masque de l'impartialité ; mais les tribunes n'étaient pas tenues à tant de réserve, et trois fois le plaidoyer du courageux orateur fut interrompu par leurs vociférations ; trois fois M. de Sèze lutta contre le flot populaire qu'il contraignit au repos. Qu'ai-je besoin, Messieurs, d'analyser devant vous cet éloquent discours où l'avocat est obligé de suivre pas à pas les accusations absurdes inventées par la calomnie ? Je ne vous en citerai que deux mots, qui, au besoin, suffiraient pour le résumer : « Je cherche parmi vous des juges, s'était écrié M. de Sèze, et je ne trouve que des accusateurs ! Vous voulez prononcer sur le sort de Louis, et c'est vous-même « qui l'accusez ! » — Puis en terminant : « Citoyens, je m'arrête devant l'histoire, qui jugera votre jugement, et son jugement sera celui des siècles. » — Ces dernières paroles révèlent toute l'étendue de la cause que M. de Sèze avait embrassée. Ce n'était pas seulement un innocent qu'il s'agissait d'arracher à l'échafaud, c'était encore une tache de sang qu'il s'agissait d'épargner à nos annales. Dans ce débat solennel qui fixait l'attention de l'Europe, alors que la nation, muette d'épouvante, était comme frappée d'engourdissement à la vue des excès de tout genre commis par les révolutionnaires, c'était, oui c'était l'âme de la France, qui vibrait dans la voix de de Sèze, dénonçant aux vengeances de l'histoire l'œuvre d'iniquité poursuivie par la Convention ! ... Souffrez, Messieurs, que j'arrête un instant vos regards sur ce grand acte de M. de Sèze, qui est avant tout un acte de dévouement à la justice et au patriotisme, et laissez-moi vous demander si le courage à jamais revêtu plus de grandeur et de vérité. Ah ! ne me parlez pas du champ de bataille et de ses sublimes horreurs, ne me parlez pas de ces luttes fratricides, que la religion déplore, que l'humanité condamne, et que la civilisation flétrit, où des milliers d'hommes enivrés de sang et de fumée se précipitent au-devant de la mort, sans avoir, pour ainsi dire, conscience du péril, mais dites-moi qu'un jour l'accomplissement d'un grand devoir s'est offert à l'esprit d'un homme, et que cet homme a choisi simplement, froidement, dans le calme de sa raison, et sans autre témoin que sa conscience, le chemin du devoir, avec l'échafaud en perspective, et mon admiration, conquise par ce grand spectacle, sera ravie sans partage !

Hélas! pourquoi tant de dévouement a-t-il été inutile? Un grand crime eût été épargné, et l'histoire n'eût pas eu à enregistrer la date funèbre du 21 janvier.

Une fois lancée sur la pente fatale où elle s'était si audacieusement engagée, la révolution ne s'arrêta plus. C'est alors qu'on put vérifier la profondeur de cette observation du grand poëte anglais : « Attenter » à la majesté royale, ce n'est pas commettre un » crime isolé, c'est ouvrir un abime où s'engloutit » avec elle tout ce qui l'environne (1). »

La peinture que Xénophon nous fait d'Athènes sous le règne des trente tyrans, convient bien au tableau de la France sous Robespierre : « Athènes, dit l'his- » torien grec, n'était qu'un vaste tombeau habité par la » terreur et par le silence ; le geste, le coup d'œil, la » pensée même, devenaient funestes aux malheureux » citoyens. On étudiait le front de la victime, et les » scélérats y cherchaient la candeur et la vertu, comme » un juge tâche d'y découvrir le crime caché du cou- » pable (2). »

A ce titre, M. de Sèze ne pouvait échapper aux modernes inquisiteurs. Vainement le fidèle Malesherbes l'avait entraîné, loin du bruit des événements, pour ensevelir dans une commune retraite leur gloire et leurs regrets : un mandat d'arrêt fut lancé contre eux, et ensemble, ils furent jetés dans les cachots. Incarcéré à la Force, puis à Picpus, M. de Sèze entendait chaque jour faire l'appel des condamnés, et, des fenêtres de sa prison, il pouvait contempler le sort qui l'atten-

(1) Shakspeare, *Hamlet*.
(2) *Hist. Græc.*, l. II.

dait. Chose remarquable, cette lente et cruelle agonie ne parvint pas à lui enlever sa sérénité, et plus d'une fois ses compagnons d'infortune durent s'étonner de le voir cultiver paisiblement les lettres et la philosophie, muses aimables, qui contribuaient à adoucir les horreurs de sa captivité. Un jour cependant le nom de Malesherbes retentit sous les voûtes fatales. Ce dut être pour son généreux compagnon le présage d'une fin prochaine; tout, en effet, semblait désespéré, quand la chute de Robespierre vint, le 9 thermidor, ouvrir les portes des prisons et soulager la France.

III. Rendu à la liberté, M. de Sèze se retira dans sa famille, et vit de là, sans y prendre part, la série d'événements merveilleux qui mit l'épée de Charlemagne dans la main d'un soldat. J'ignore si le génie de Napoléon trouva grâce devant les yeux de M. de Sèze. Quoi qu'il en soit, durant tout l'empire, le nom de ce dernier resta dans l'ombre. Une seule fois ce nom fut prononcé par l'Empereur en 1814, alors que le Corps législatif venait de faire entendre, au nom de la France épuisée de sang, des conseils de modération qui devaient déplaire au conquérant. Napoléon prétendit que « le député Lainé, qui avait provoqué ce vote, n'é» tait qu'un traître vendu aux Anglais, qui conspirait » avec les ennemis de la France dans des conciliabules » tenus chez l'avocat de Sèze ».

Ce n'est pas le moindre honneur de notre héros, Messieurs, d'avoir associé son nom à cette mémorable revendication des droits du pays. Plus tard Napoléon regretta sans doute, en voyant son étoile pâlir, et la victoire déserter ses aigles, que des voix aussi courageuses que prudentes ne l'eussent point prémuni à temps contre l'écueil fatal où devait se briser sa fortune.

La Restauration vint donner dès ici-bas à M. de Sèze la récompense due à son courage et à sa fidélité.

Successivement nommé par Louis XVIII président de la Cour de cassation, comte et pair de France, il se vit entouré jusqu'à la fin de sa vie des prévenances les plus affectueuses de la famille royale. L'Académie française brigua l'honneur de le compter parmi ses membres, bien moins pour l'éclat de ses titres littéraires que pour la dignité de son caractère. Sa vieillesse s'écoula ainsi, paisible et honorée. De temps à autre sa voix s'élevait encore, et jamais plus ferme et plus puissante que lorsqu'il s'agissait de détourner de la France tout soupçon de complicité avec les meurtriers du roi : « Le deuil universel qu'on vous » propose, disait-il du projet de loi sur le deuil na- » tional du 21 janvier, ce deuil si sincère, en même » temps qu'il éternisera le souvenir du crime pour » servir de leçon à tous les peuples du monde, éter- » nisera aussi l'horreur qu'il a inspirée à la nation » française. » — Causeur instruit et piquant, M. de Sèze racontait, avec ce charme particulier qui est le don des vieillards, les événements terribles dont il avait été acteur ou témoin. Plusieurs de ses contemporains se sont plu à lui rendre cet hommage, qu'il était comme l'histoire vivante de son temps. Au milieu de ces occupations solides et douces, la religion n'était point oubliée. Depuis longtemps déjà l'expérience de l'adversité lui avait fait éprouver l'inanité des doctrines philosophiques. Je n'en veux pour preuve que l'énergie avec laquelle il flétrit, dans son discours de réception à l'Académie, « *ces doctrines ignobles qui rabaissent l'homme au lieu de l'élever* ». Doublement mûrie par la main de Dieu et par la main du temps, cette belle vieillesse n'avait plus qu'à donner son fruit, et qu'à mourir. M. de Sèze s'éteignit dans les bras de la religion, pleuré de la magistrature à laquelle il léguait de si glorieux exemples, pleuré de sa famille dont il avait été la gloire, pleuré, on peut le dire, de la France entière, pour l'honneur de laquelle il avait si vaillamment combattu. Ce fut le 2 mai 1828, que son âme alla rejoindre celle de son royal client.

IV. Il semblerait, Messieurs, qu'ici je dusse m'arrêter. Toutefois, si j'ai bien compris pourquoi vous avez voulu inscrire le nom de de Sèze, de préférence à tout autre sur votre drapeau, ce choix significatif d'un nom qui est et restera l'emblème de la fidélité au malheur, au droit, à la justice au milieu du péril, ce choix qui vous honore, Messieurs, veut un commentaire que je regrette de ne pouvoir rendre éloquent. J'ajouterai qu'après avoir essayé de faire passer sous vos yeux le sombre tableau de cette révolution française, le plus grand événement de notre histoire, à laquelle M. de Sèze s'est trouvé si étroitement mêlé, il me serait difficile de quitter cette tribune sans chercher à en faire jaillir un enseignement et une lumière pour notre conduite à tous. L'un des plus importants triomphes que la force ait jamais remporté sur le droit, c'est, à coup sûr, pendant les six années qui, de 1789 à 1795, ont couvert la France de deuil, de sang et de ruines. Dans ces jours de triste mémoire, où l'on voit notre chère patrie devenue la proie des plus sauvages passions, quel spectacle que celui de quelques âmes d'élite, rendant témoignage à cette chose sacrée que l'on nomme la justice : de Sèze devant la Convention, le roi-martyr sur l'échafaud ! — Je ne vous dirai pas de marcher sur leurs traces, car les jours de la terreur, grâce à Dieu, sont loin de nous, mais il est toujours bon de s'inspirer des grands exemples du passé, et l'on a encore besoin de caractères virils à notre époque.

Beaucoup d'hommes, en effet, sont appelés à rencontrer dans leur vie, à des degrés divers, l'heure solennelle qui sonna pour Raymond de Sèze, le 26 décembre 1792. Oui, il viendra une heure, Messieurs, où se dressera devant vous l'image sacrée de la justice entourée de son cortége de disgrâces, et à côté de cette image, vous apparaîtra la voie du succès, toujours parée de séductions et toujours riche de faveurs. Pour choisir, qu'il vous souvienne d'une chose, Messieurs, c'est que vous êtes catholiques, et que vous êtes Français ! Ah ! l'on accuse volontiers la jeunesse, je le sais, de mettre dans ses ardeurs toute la fougue de l'inexpérience. En un siècle d'égoïsme comme le nôtre, ne cherchons point à nous soustraire à ce blâme, et tâchons plutôt de le mériter. La justice, le droit, l'honneur, la vérité, quels mots, Messieurs ! et comment s'étonner que prononcés naguère par un pontife en cheveux blancs sur ce coin du monde qui les conserve pour le salut de la civilisation, ces mots puissants aient ébranlé les deux hémisphères, et suscité tant de dévouements ! Mais la lutte aujourd'hui n'est pas seulement sur le champ de bataille, elle est encore, et surtout, sur le terrain des idées. Les barbares ne sont pas seulement aux portes de Rome : ils sont encore autour de vous, acharnés à détruire dans l'âme du peuple par leurs écrits et par leurs actes la foi en Dieu et aux vérités de l'Evangile, le culte du vrai, du bien et du beau, l'espérance d'une vie future, et jusqu'à la notion de la vertu. Ils vous pressent, ils vous entourent, ameutant toutes les passions mauvaises contre la plus vénérable des institutions, et sacrifiant à cette œuvre infâme, jusqu'à leur patriotisme. — A ce débordement de licence et d'impiété, c'est notre devoir à nous, jeunes gens catholiques, d'opposer par nos paroles et par nos exemples, une digue d'autant plus puissante qu'elle s'appuiera sur un roc battu par dix-huit siècles de tempêtes, et toujours triomphant. Je connais trop votre généreuse ardeur, Messieurs, pour avoir besoin de vous convier davantage à ce glorieux combat, et l'idée même qui a présidé à la fondation de cette conférence, m'avertit que vous avez à cœur de conquérir par la culture assidue de vos intelligences, et pour vous en servir utilement plus tard, cette part d'influence légitime, privilége ordinaire de la science et du talent.

Surtout, bannissons les amertumes de langage et les découragements anticipés. Ce n'est plus l'heure de maudire, mais de sauver. Au lieu donc de nous consumer en stériles regrets sur les ruines d'un passé, assurément respectable, mais à jamais disparu ; au lieu de maudire sans relâche cette société moderne, née sein des orages, troublée par bien des vicissitud mais capable cependant de généreux retours ; ch chons donc plutôt à infuser dans ses veines un peu ce sang chrétien qui jadis a bien suffi pour ranimer cadavre du monde romain. Magistrats, jurisconsult hommes publics, quel que soit le terme auquel Di nous destine, travaillons de toutes nos forces à éten et à fortifier dans les âmes l'empire de la foi cath lique ; efforçons-nous de dominer le courant de siècle, et de diriger ses eaux troublées vers des riv ges meilleurs ; la charité sur les lèvres et la ferm dans le cœur, tâchons de hâter sur la terre le règne la justice et le triomphe de la vérité : faites cela, Me sieurs, et, comme l'homme de bien dont je vous raconté la vie, vous aurez suivi la route qui mène a grandes choses, la route de tous ceux qui ont hono leur nom, servi leurs frères, aimé leur patrie et re pecté Dieu.

Paris. — Imprimerie de E. DONNAUD, rue Cassette, 1

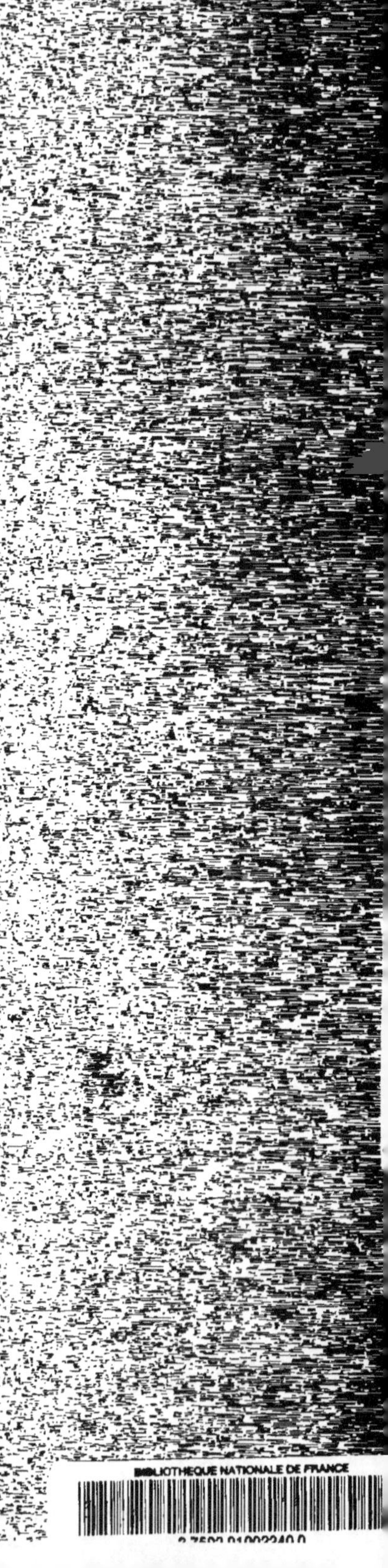

www.ingramcontent.com/pod-product-compliance
Lightning Source LLC
LaVergne TN
LVHW010306230826
846091LV00007BB/2740

* 9 7 8 2 0 1 1 7 5 4 2 3 3 *